NOMBRES

7 305
sept mille trois cent cinq
Les nombres peuvent être **écrits avec des chiffres ou avec des mots**. Dans l'écriture en chiffres, chaque chiffre a une valeur particulière qu'il faut connaître.

Les nombres servent à exprimer des **quantités** d'objets.

Les nombres sont utilisés pour repérer des points sur une **ligne graduée**.

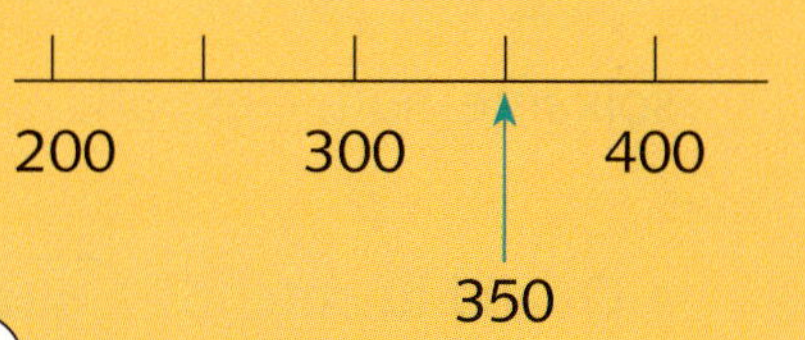

Les nombres permettent d'exprimer des **mesures**.

Lire et écrire les nombres ___ p. 2
Connaître la valeur des chiffres ___ p. 3
Comparer des nombres ___ p. 5
Placer des nombres sur une ligne graduée ___ p. 6

Lire et écrire les nombres

Pour lire et écrire les nombres de 2 chiffres

Jusqu'à 16, il faut apprendre tous les mots par cœur.

zéro	**un**	**deux**	**trois**	**quatre**	**cinq**	**six**	**sept**	**huit**	**neuf**
0	1	2	3	4	5	6	7	8	9
dix	**onze**	**douze**	**treize**	**quatorze**	**quinze**	**seize**			
10	11	12	13	14	15	16			

Pour les autres nombres

- Quand tu entends **dix** **vingt** **trente** **quarante** **cinquante**

c'est facile, c'est toujours le même chiffre des dizaines pour le même mot.

dix-sept, c'est 17 — vingt-trois, c'est 23 — trente-huit, c'est 38
quarante et un, c'est 41 — cinquante, c'est 50

- Quand tu entends **soixante** n'écris pas trop vite un « 6 ». Écoute la suite !
Le chiffre des dizaines peut être un 6 ou un 7.

soixante-huit, c'est 68 mais soixante-dix-huit, c'est 78

- Quand tu entends **quatre-vingt** n'écris pas trop vite un « 8 ». Écoute la suite !
Le chiffre des dizaines peut être un 8 ou un 9.

quatre-vingt-deux, c'est 82 mais quatre-vingt-douze, c'est 92

Pour lire et écrire les nombres de 3 chiffres et plus

7 0 9
sept **cent** neuf

7 2 1 4
sept **mille** deux cent quatorze

3 4 8 0 7 5
trois cent quarante huit **mille** soixante quinze

Connaître la valeur des chiffres

20 043

Pour comprendre ce que vaut un chiffre dans un nombre

■ **34**
- 3 dizaines → **30** unités
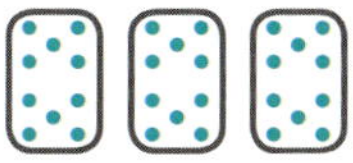
- **4** unités

■ **204**
- 2 centaines → **200** unités
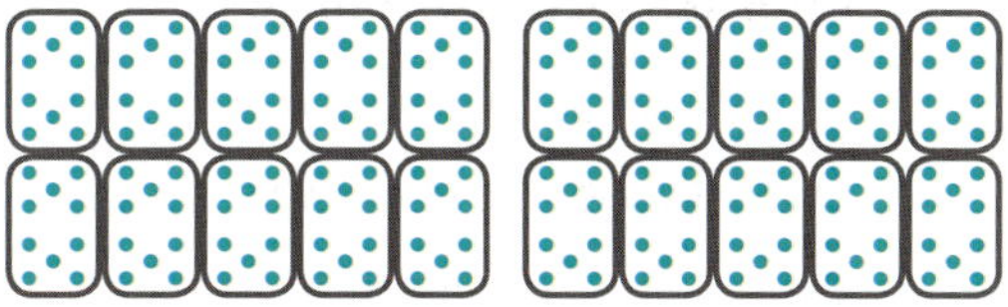
- **4** unités

■ **20 043**
- 2 dizaines de mille → **20 000** unités : 1 dizaine de mille, 1 dizaine de mille
- 4 dizaines → **40** unités : 1 dizaine, 1 dizaine, 1 dizaine, 1 dizaine
- **3** unités : 1 unité, 1 unité, 1 unité

Si tu as oublié la valeur d'un chiffre,
tu peux écrire le nombre dans un tableau comme celui-ci :

centaines de mille	dizaines de mille	milliers	centaines	dizaines	unités
100 000	10 000	1 000	100	10	1
				3	4
			2	0	4
	2	0	0	4	3

Pour décomposer un nombre à l'aide de 10, 100, 1 000...

Décomposer le nombre 1 235

1 2 3 5

C'est	1 millier		2 centaines		3 dizaines		5 unités
c'est donc	1 000	**+**	100 + 100	**+**	10 + 10 + 10	**+**	1 + 1 + 1 + 1 + 1
c'est aussi	(1 × 1 000)	**+**	(2 × 100)	**+**	(3 × 10)	**+**	5
ou bien	1 000	**+**	200	**+**	30	**+**	5

C'est encore 1 200 + 35
ou (123 × 10) + 5 et donc 123 dizaines et 5 unités.

Décomposer le nombre 23 056

23 056 c'est
- 2 dizaines de mille, 3 milliers, 5 dizaines et 6 unités
- 23 milliers et 56 unités
- 230 centaines, 5 dizaines et 6 unités
- 2 dizaines de mille, 30 centaines et 56 unités
- etc.

Dizaine : groupement de 10 unités	**1 dizaine = 10 unités**
Centaine : groupement de 100 unités	**1 centaine = 100 unités**
Une centaine, c'est aussi un groupement de 10 dizaines.	1 centaine = 10 dizaines
Millier : groupement de 1 000 unités	**1 millier = 1 000 unités**
Un millier, c'est aussi un groupement de 100 dizaines.	1 millier = 100 dizaines
Un millier, c'est aussi un groupement de 10 centaines.	1 millier = 10 centaines

Comparer des nombres

Pour comparer des nombres

S'ils n'ont pas le même nombre de chiffres,
le plus grand est celui qui a le plus de chiffres.

2 016 (4 chiffres) **est plus grand que** **986** (3 chiffres)

Dans 2 016, il y a 2 milliers, alors qu'il n'y en a pas dans 986.

On écrit **2 016** > **986**.

S'ils ont le même nombre de chiffres,
on compare leurs chiffres en partant de la gauche jusqu'à trouver deux chiffres différents.

2 016 (4 chiffres) **est plus petit que** **2 035** (4 chiffres)

Il y a 2 milliers et 0 centaine dans ces deux nombres.
Mais dans 2 016, il y a moins de dizaines que dans 2 035.

On écrit **2 016** < **2 035**.

Comparer deux nombres,
c'est chercher lequel est le plus petit et lequel est le plus grand.

Pour ranger des nombres

Nombres rangés par ordre croissant :

45 405 504 1 054 1 405

Nombres rangés par ordre décroissant :

1 405 1 054 504 405 45

Ranger des nombres dans l'ordre croissant, c'est les écrire du plus petit au plus grand.
Ranger des nombres dans l'ordre décroissant, c'est les écrire du plus grand au plus petit.

Placer des nombres sur une ligne graduée

Pour placer exactement des nombres sur une ligne graduée

Sur cette ligne graduée, le saut est de 1.
Les nombres vont de 1 en 1.

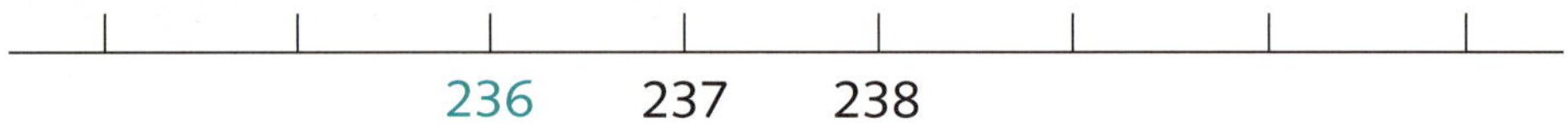

Tous les nombres peuvent être placés exactement.

Sur cette ligne graduée, le saut est de 50.
Les nombres vont de 50 en 50.

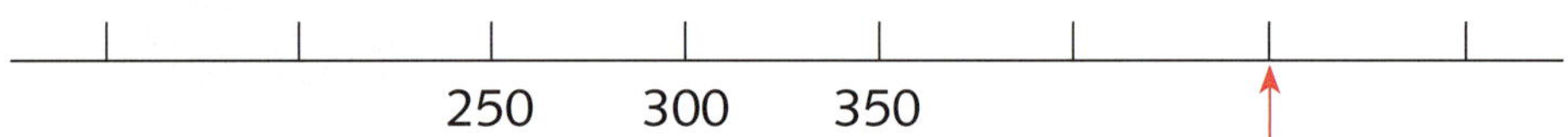

450 est à deux sauts de 350 sur la droite, donc ici.

Sur cette autre ligne graduée, le saut est de 1 000.
Les nombres vont de 1 000 en 1 000.

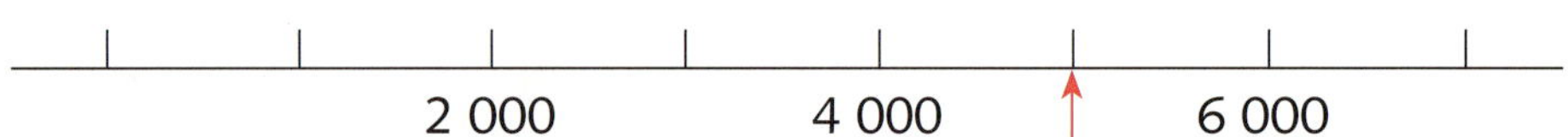

5 000 est donc ici.

Pour placer approximativement des nombres sur une ligne graduée

Sur cette ligne graduée, le saut est de 100.
Les nombres vont de 100 en 100.

320 est à peu près ici.

Il est beaucoup plus près de 300 que de 400.

CALCUL

Pour effectuer un calcul, tu as le choix entre :

Utiliser les résultats des tables d'addition et de multiplication que tu connais par cœur.

+	0	1	2	3
0	0	1	2	3
1	1	2	3	4
2	2	3	4	5
3	3	4	5	6
4	4	5	6	7

x	0	1	2	3
0	0	0	0	0
1	0	1	2	3
2	0	2	4	6
3	0	3	6	9
4	0	4	8	12

Utiliser une calculatrice.

Poser le calcul par écrit.

```
   3 7
 x 3 2
 -----
     4      |  |  | 1|
             M  C  D
```

Calculer mentalement.

20 et 30, c'est 50
5 et 5, c'est 10…

Le calcul mental
Pour additionner et soustraire ___ p. 8 à 10
Pour multiplier ___ p. 11 à 13
Le calcul posé
Pour additionner et soustraire ___ p. 14
Pour multiplier ___ p. 15
Le calcul avec plusieurs opérations p. 16

Le calcul mental (addition et soustraction)

La table d'addition

+	0	1	2	3	4	5	6	7	8	9
0	0	1	2	3	4	5	6	7	8	9
1	1	2	3	4	5	6	7	8	9	10
2	2	3	4	5	6	7	8	9	10	11
3	3	4	5	6	7	8	9	10	11	12
4	4	5	6	7	8	9	10	11	12	13
5	5	6	7	8	9	10	11	12	13	14
6	6	7	8	9	10	11	12	13	14	15
7	7	8	9	10	11	12	13	14	15	16
8	8	9	10	11	12	13	14	15	16	17
9	9	10	11	12	13	14	15	16	17	18

À partir de cette table, tu peux :

Retrouver très vite des résultats que tu ne connais pas encore par cœur

tu sais que		*donc tu sais aussi que*	
8 + 5 = 13	→	5 + 8 = 13	
7 + 7 = 14	→	7 + 8 = 15	car 8 c'est 1 de plus que 7
10 + 8 = 18	→	9 + 8 = 17	car 9 c'est 1 de moins que 10

Calculer des différences et des compléments

somme

8 + 5 = 13

compléments	*différences*
pour aller de 8 à 13, il y a 5	13 – 5 = 8
pour aller de 5 à 13, il y a 8	13 – 8 = 5

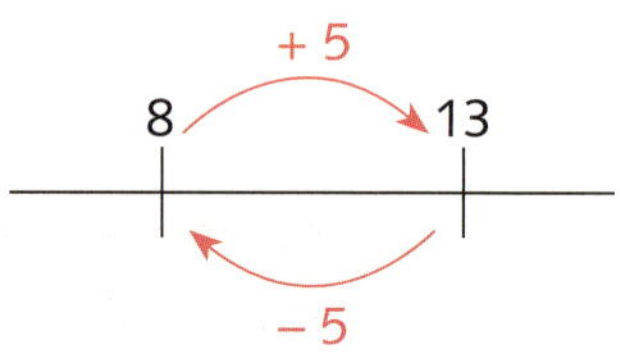

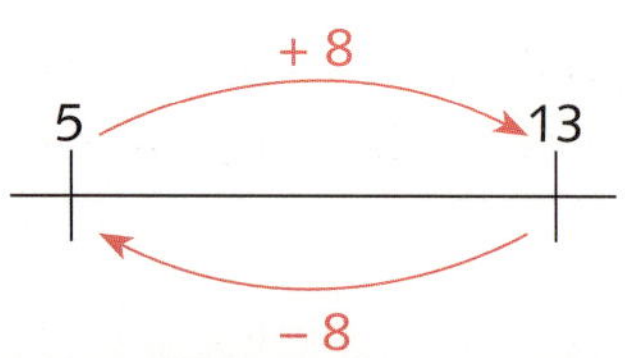

Pour additionner et soustraire rapidement

Calculer sur les dizaines, les centaines et les milliers...

8 + 5 = 13
- 80 + 50 = 130
- 800 + 500 = 1 300
- 8 000 + 5 000 = 13 000

9 – 4 = 5
- 90 – 40 = 50
- 900 – 400 = 500
- 9 000 – 4 000 = 5 000

Connaître les compléments à la dizaine suivante

de 7 à 10, il y a 3
- de 47 à 50, il y a 3
- de 97 à 100, il y a 3
- de 237 à 240, il y a 3

Ajouter ou soustraire des nombres comme 3, 30, 300...

5 + 3 = 8
- 45 + 3 = 48
- 152 + 30 = 182
- 506 + 300 = 806

9 – 3 = 6
- 89 – 3 = 86
- 490 – 30 = 460
- 945 – 300 = 645

Connaître des compléments à 100

de 6 à 10, il y a 4 → de 60 à 100, il y a 40

de 3 à 10, il y a 7 → de 30 à 100, il y a 70

Une somme est le résultat d'une addition :
12 est la somme des nombres 5, 3 et 4 car 5 + 4 + 3 = 12.

Une différence est le résultat d'une soustraction :
5 est la différence de 8 et de 3 car 8 – 3 = 5.

Pour additionner avec le calcul réfléchi

Regrouper les nombres qui vont bien ensemble

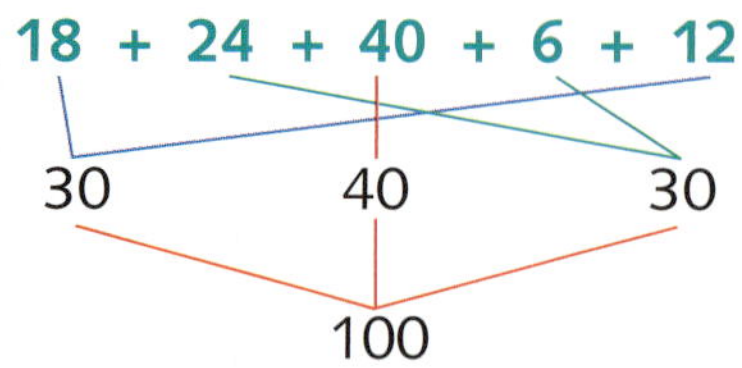

Décomposer le calcul pour qu'il soit plus facile

42 + 18

Tu remarques que les chiffres **2** et **8** vont bien ensemble.

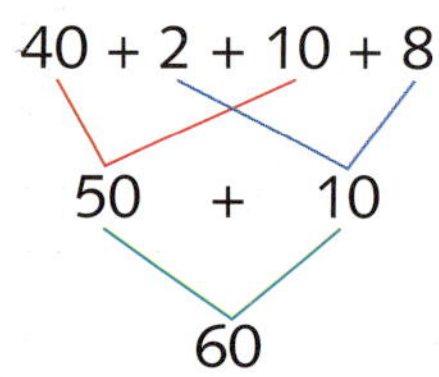

27 + 39

Tu remarques que le nombre **39** peut se décomposer en **40 – 1**.

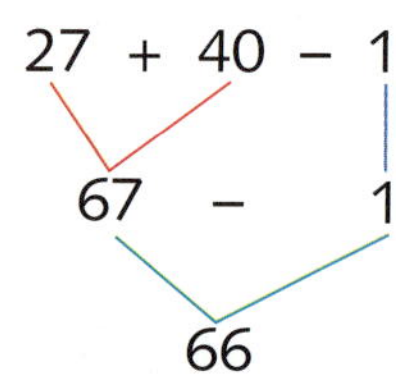

Pour soustraire avec le calcul réfléchi

Remplacer une différence par un complément

67 – 39, c'est comme **39 pour aller à 67**.

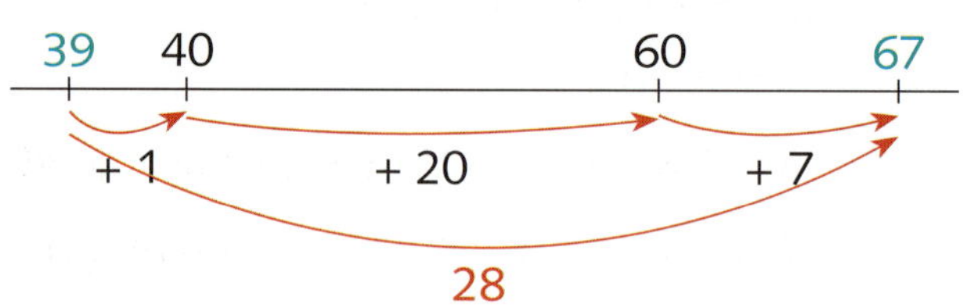

Procéder par étapes

48 – 18

Tu peux commencer par enlever **8** car c'est facile, puis **10**.

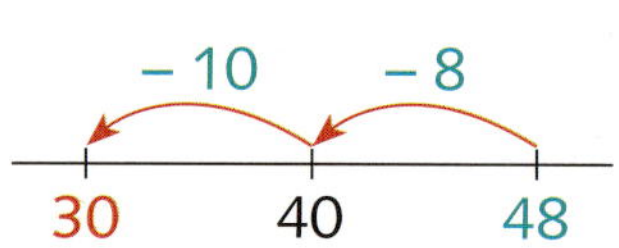

67 – 39

Il est plus facile d'enlever 40 que 39.
Mais si tu enlèves **40**, tu enlèves **1** de trop.

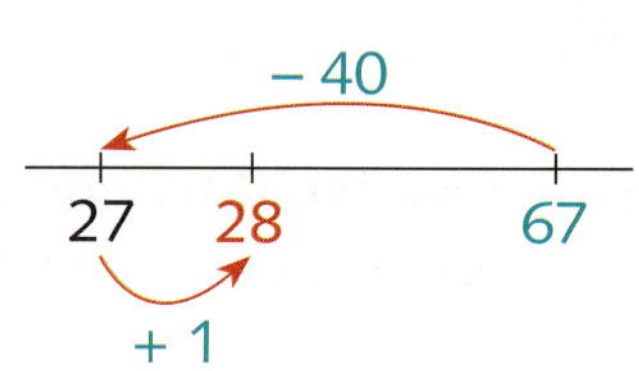

Le calcul mental (multiplication)

La table de multiplication

x	**0**	**1**	**2**	**3**	**4**	**5**	**6**	**7**	**8**	**9**
0	0	0	0	0	0	0	0	0	0	0
1	0	1	2	3	4	5	6	7	8	9
2	0	2	4	6	8	10	12	14	16	18
3	0	3	6	9	12	15	18	21	24	27
4	0	4	8	12	16	20	24	28	32	36
5	0	5	10	15	20	25	30	35	40	45
6	0	6	12	18	24	30	36	42	48	54
7	0	7	14	21	28	35	42	49	56	63
8	0	8	16	24	32	40	48	56	64	72
9	0	9	18	27	36	45	54	63	72	81

- Dans une table, les résultats augmentent régulièrement :
  table de 4 → les résultats augmentent de 4 en 4
- Quand tu multiplies un nombre par 0, le résultat est toujours 0 : **7 × 0 = 0**
- Quand tu multiplies un nombre par 1, le résultat est toujours ce nombre : **7 × 1 = 7**

À partir de cette table, tu peux :

Retrouver très vite des résultats que tu ne connais pas encore par cœur

tu sais que		*donc tu sais aussi que*	
8 × 5 = 40	→	5 × 8 = 40	
8 × 5 = 40	→	8 × 6 = 48	car c'est 8 de plus que 40
10 × 8 = 80	→	9 × 8 = 72	car c'est 8 de moins que 80

Répondre à des questions du type « combien de fois … dans … ? »

7 × 5 = 35

Combien y a-t-il de fois 5 dans 35 ?
Dans 35, il y a 7 fois 5
car 7 × 5 = 35.

Combien y a-t-il de fois 7 dans 35 ?
Dans 35, il y a 5 fois 7
car 5 × 7 = 35.

Un produit est le résultat d'une multiplication :
15 est le produit de 5 et de 3 car 5 × 3 = 15.

Pour multiplier rapidement

Connaître la table de multiplication par 2

	1	2	3	4	5	6	7	8	9	**moitié**
double	2	4	6	8	10	12	14	16	18	

Connaître les doubles et moitiés

- **Des dizaines**

	10	20	30	40	50	60	70	80	90	**moitié**
double	20	40	60	80	100	120	140	160	180	

- **Des centaines**

	100	200	300	400	500	600	700	800	900	**moitié**
double	200	400	600	800	1 000	1 200	1 400	1 600	1 800	

- **Des nombres que tu utilises souvent**

	15	25	35	45	**moitié**
double	30	50	70	90	

Le double d'un nombre est obtenu en multipliant ce nombre par 2.
La moitié d'un nombre est obtenu en partageant ce nombre en 2.

Multiplier par 10, par 100 et par 1 000

Quand on multiplie un nombre par 10, par 100, par 1 000…,
chaque chiffre du nombre prend une valeur 10 fois, 100 fois, 1 000 plus grande.

	dizaines de mille	milliers	centaines	dizaines	unités
37 × 10				3	7
			3	7	0

c'est 37 fois 10, c'est 37 dizaines, c'est donc **370**.

	dizaines de mille	milliers	centaines	dizaines	unités
4 × 100					4
			4	0	0

c'est 4 fois 100, c'est 4 centaines, c'est donc **400**.

	dizaines de mille	milliers	centaines	dizaines	unités
82 × 1 000				8	2
	8	2	0	0	0

c'est 82 fois 1 000, c'est 82 milliers, c'est donc **82 000**.

Pour multiplier avec le calcul réfléchi

Calculer le double d'un nombre

double de 37

méthode 1

C'est 37 + 37

30 + 7 + 30 + 7

60 + 14

74

méthode 2

C'est 2 fois 37.

Comme 37 = 30 + 7,
c'est 2 fois 30 plus 2 fois 7.

C'est 60 plus 14.

C'est donc **74**.

Multiplier par 4

12 × 4

méthode 1

Multiplier par 4, c'est multiplier par 2 et encore par 2.

12 —× 2→ 24 —× 2→ **48**

méthode 2

12 × 4, c'est 4 fois 12.

Comme 12 = 10 + 2,
c'est 4 fois 10 plus 4 fois 2.

C'est 40 + 8, c'est donc **48**.

Voici deux autres calculs où le mot « fois » est bien utile

25 × 11

Pense que 25 x 11,
c'est 11 fois 25.

C'est donc 10 fois 25
et encore 1 fois 25.

C'est donc
250 + 25 = **275**.

25 × 30

Pense que 25 x 30, c'est 30 fois 25.

30 fois 25

C'est 10 fois 25
répété 3 fois.

C'est donc 10 fois 25,
encore 10 fois 25
et encore 10 fois 25.

C'est 250 + 250 + 250,
c'est donc **750**.

ou

C'est 3 fois 25
répété 10 fois.

3 fois 25,
c'est 25 + 25 + 25,
c'est donc 75.

10 fois 75,
c'est donc **750**.

Le calcul posé

Pour additionner

	M	C	D	U
		1	2	
		8	7	5
+			8	7
+		1	0	9
	1	0	7	1

Tu additionnes d'abord les unités : 5 + 7 + 9 = 21
21 unités, c'est 2 dizaines et 1 unité.
Au résultat, tu écris 1 unité.
Tu places 2 dizaines en retenue.

Tu additionnes ensuite les dizaines : 2 + 7 + 8 + 0 = 17
17 dizaines, c'est 1 centaine et 7 dizaines.
Au résultat, tu écris 7 dizaines
Tu places 1 centaine en retenue.

Tu additionnes ensuite les centaines : 1 + 8 + 1 = 10
10 centaines, c'est 0 centaine et 1 millier.
Au résultat, tu écris 0 centaine et 1 millier.

Pour soustraire

	C	D	U	
	8	6	2	+
–	2	3	8	+
		1		
	6	2	4	

Tu commences par les unités.
8 pour aller à 2, c'est impossible.
Tu cherches donc 8 pour aller à 12.
C'est 4, que tu écris dans la colonne des unités.
Tu vérifies : 8 + 4 = 12. Il y a donc 1 dizaine de retenue.

Tu continues avec les dizaines.
3 + 1 = 4.
4 pour aller à 6, c'est 2, que tu écris dans la colonne des dizaines.
Tu vérifies : 3 + 1 + 2 = 6.

Tu continues avec les centaines.
2 pour aller à 8, c'est 6, que tu écris dans la colonne des centaines.

Calculer 862 – 238 revient à calculer : 238 + … = 862.

Pour multiplier par un nombre à un chiffre

	M	C	D	U
		4	2	7
×				6
	2	5	6	2

M	C	D
	1	4

Tu multiplies d'abord les unités : 7 × 6 = 42
42 unités, c'est 4 dizaines et 2 unités.
Au résultat, tu écris 2 unités.
Tu places 4 dizaines dans la boîte à retenues.

Tu multiplies ensuite les dizaines : 2 × 6 = 12
Avec les 4 dizaines de retenue, il y a 16 dizaines.
16 dizaines, c'est 1 centaine et 6 dizaines.
Au résultat, tu écris 6 dizaines.
Tu places 1 centaine dans la boîte à retenues.

Tu multiplies ensuite les centaines : 4 × 6 = 24
Avec la centaine de retenue, il y a 25 centaines.
25 centaines, c'est 2 milliers et 5 centaines.
Au résultat, tu écris 5 centaines et 2 milliers.

Pour multiplier par un nombre à plusieurs chiffres

427 × 46 (46 = 40 + 6)

C'est 46 fois 427.
C'est 6 fois 427 plus 40 fois 427.

		C	D	U	
		4	2	7	
x			4	6	
	2	5	6	2	← 427 x 6
1	7	0	8	0	← 427 x 40
1	9	6	4	2	

M	C	D
	1	4

dM	M	C
	1	2

427 × 406 (406 = 400 + 6)

C'est 406 fois 427.
C'est 6 fois 427 plus 400 fois 427.

			C	D	U	
			4	2	7	
x			4	0	6	
		2	5	6	2	← 427 x 6
1	7	0	8	0	0	← 427 x 400
1	7	3	3	6	2	

M	C	D
	1	4

cM	dM	M
	1	2

Le calcul avec plusieurs opérations

Calcul sans parenthèses de plusieurs additions et soustractions

Observe ces deux exemples.

18 + 5 − 7 + 10

23
16
26

25 − 10 + 9 − 5 − 2

15
24
19
17

Calcul avec les parenthèses

Pour t'aider, tu peux utiliser un arbre de calcul.
Observe ces trois exemples.

20 − (3 × 4)

20 − 12
8

(20 × 5) − (3 + 4)

100 − 7
93

(18 + 5) − (7 + 10)

23 − 17
6

Attention ! Compare le résultat du calcul (18 + 5) − (7 + 10) avec celui du calcul 18 − 5 + 7 + 10.

Le calcul avec les parenthèses ne donne pas toujours le même résultat que le calcul sans parenthèses.

GÉOMÉTRIE

En géométrie, tu vas apprendre
à construire et à décrire
des figures planes et des solides.

Tu as besoin de connaître
quelques mots de vocabulaire
pour décrire une figure
ou un solide.

La pyramide
a 5 faces,
5 sommets,
8 arêtes.

Avec une règle graduée, une équerre,
un compas et un crayon bien taillé,
tu peux construire toutes sortes de figures.

Repérage sur quadrillage ___ p. 18
Points - Alignement ___ p. 19
Angle droit - Droites perpendiculaires ___ p. 20
Polygones ___ p. 21
Cercle ___ p. 22
Segment et milieu d'un segment ___ p. 22
Polyèdres ___ p. 23
Lignes verticale et horizontale ___ p. 23
Symétrie ___ p. 24

Repérage sur quadrillage

Pour repérer une case sur un quadrillage

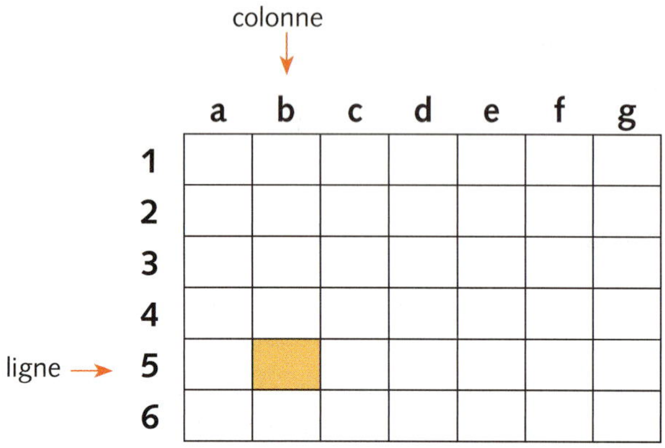

Les colonnes sont repérées par des lettres et les lignes par des nombres.
La case jaune est située dans la **colonne b** et dans la **ligne 5**.
Elle est codée **b5** ou **5b**.

Pour reproduire une figure sur un quadrillage

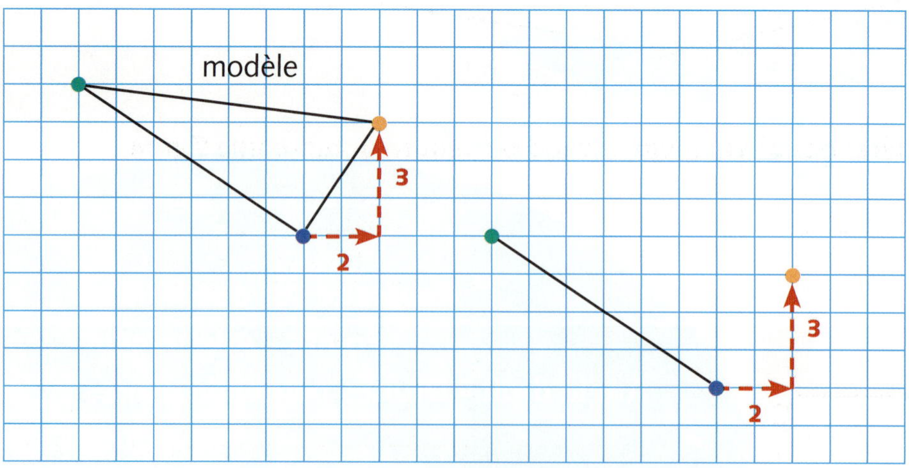

Pour tracer un côté, il faut d'abord placer les sommets.
Le sommet jaune se repère à partir du sommet bleu
en se déplaçant de 2 carreaux horizontalement vers la droite
et de 3 carreaux verticalement vers le haut.

Points – Alignement

Pour dessiner un point et le désigner

- **Pour dessiner un point, on trace une petite croix.**
  Le point est le croisement des deux lignes.

- **Lorsqu'on veut décrire une figure, on utilise des lettres pour désigner les points.**
  La lettre est placée à côté du point.

Pour savoir si des points sont alignés

- **Pour vérifier que les points A, C et D sont alignés**, on a tracé une droite qui passe par deux de ces points. On vérifie qu'elle passe par le troisième point.

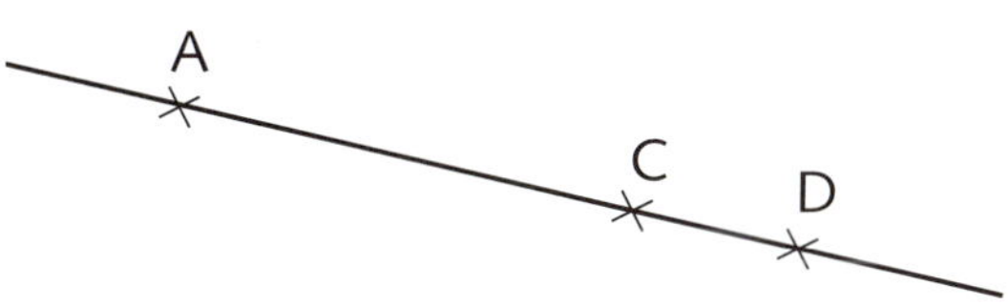

- **Les points B, E et F ne sont pas alignés.**
  Le point E n'est pas sur la droite qui passe par les points B et F.

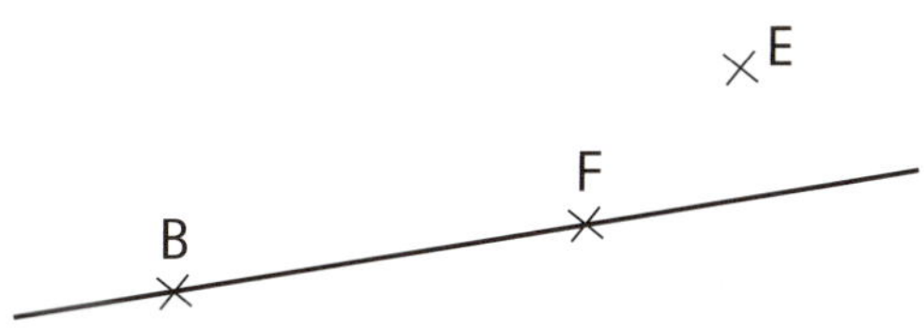

- **Il est utile de repérer des alignements quand on veut reproduire une figure.**

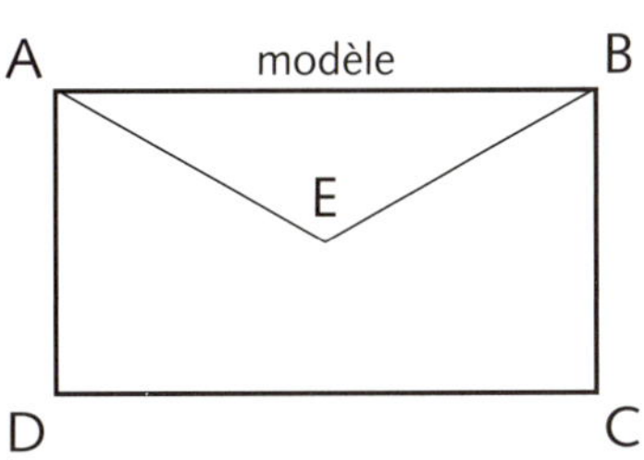

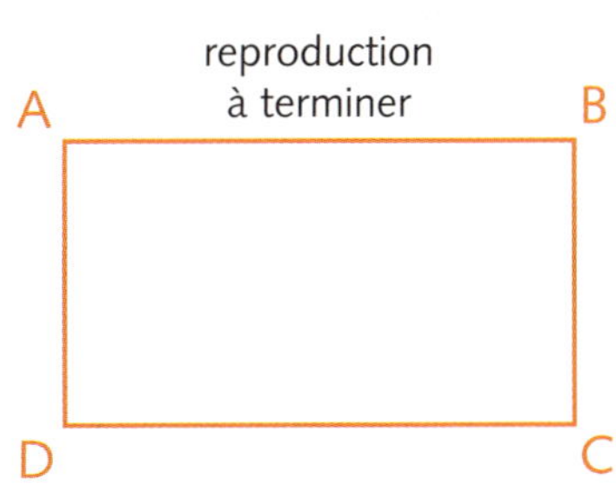

Repérer et contrôler avec la règle sur le modèle que les points A, E et C et les points B, E et D sont alignés permet de terminer la reproduction de la figure.

Angle droit - Droites perpendiculaires

Un angle est un « coin » d'un polygone.

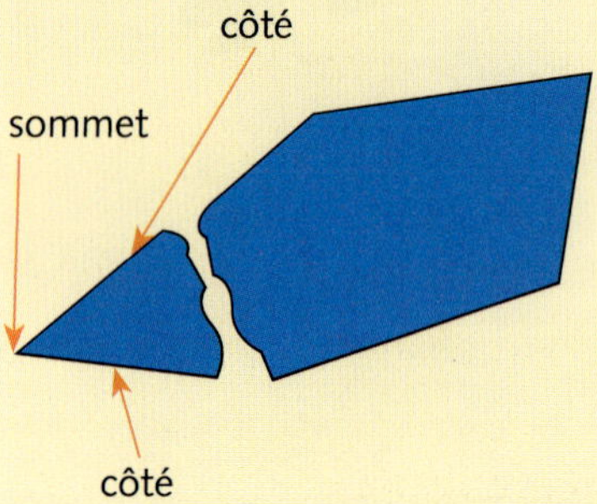

Un angle droit est un angle d'un carré ou d'un rectangle.

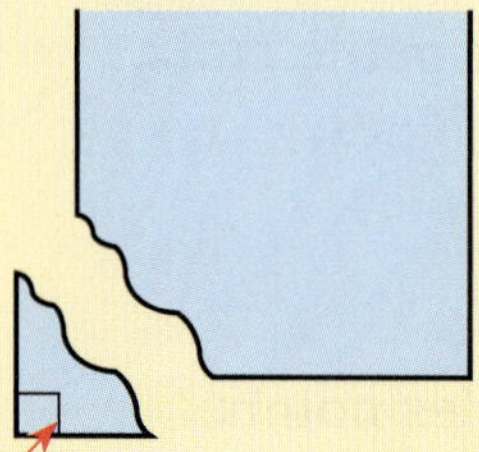

Pour signaler qu'un angle est droit, on dessine un petit carré.

Deux droites perpendiculaires se coupent en formant un angle droit.

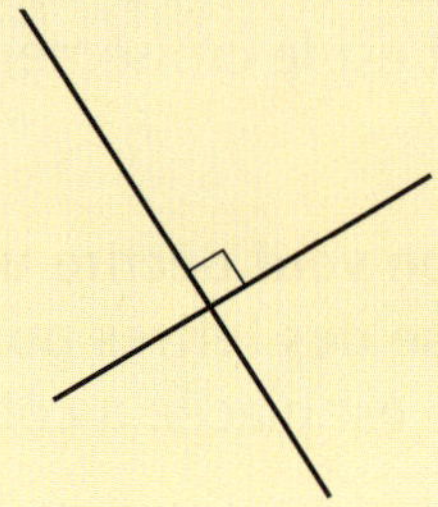

Pour construire un gabarit d'angle droit

1. Prends une feuille de papier et marque un pli n'importe où sur la feuille.

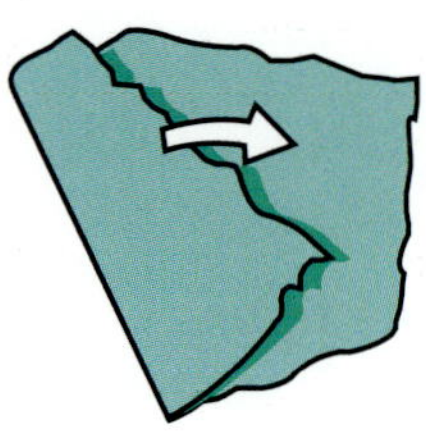

2. Marque un deuxième pli en ramenant le premier pli sur lui-même.

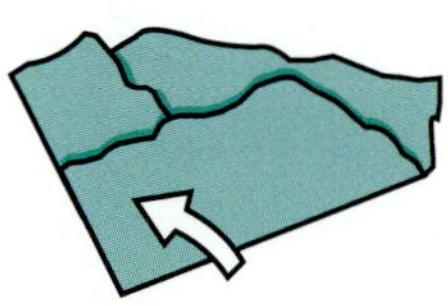

3. Quand on déplie la feuille, on obtient 4 angles droits et 2 droites perpendiculaires.

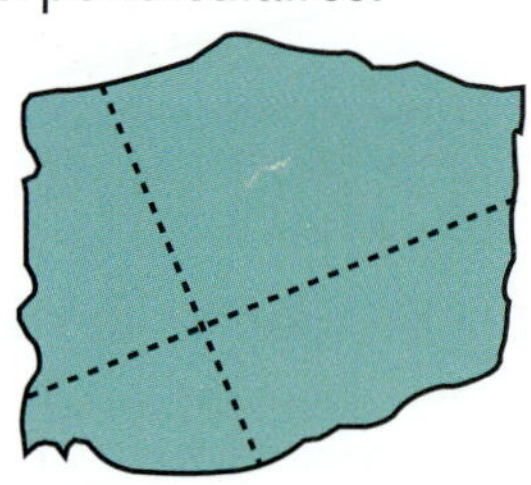

Pour tracer un angle droit

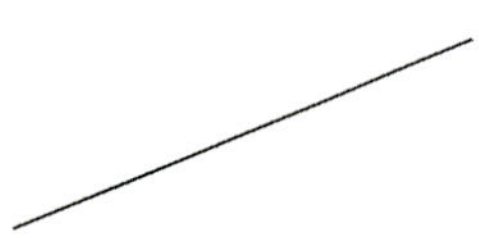

1. Trace un segment.

2. Place ton équerre.

Une équerre est un gabarit d'angle droit.

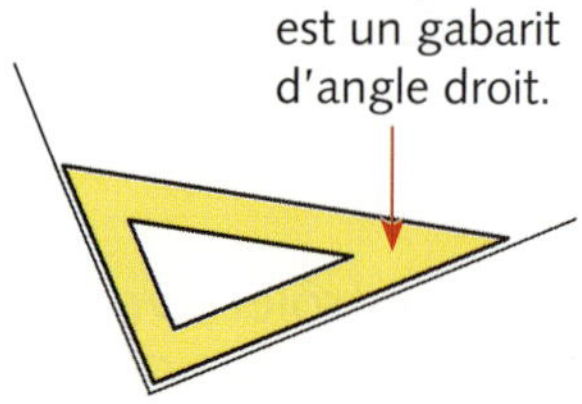

3. Trace le 2e côté de l'angle droit.

Polygones

Pour tracer des polygones

■ **Un polygone est une figure fermée qui se trace à la règle.**

a et b sont des polygones.

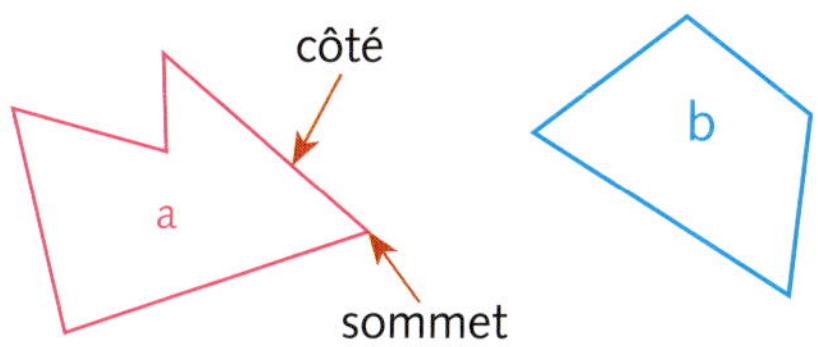

c et d ne sont pas des polygones.

■ **Un polygone qui a 3 côtés est appelé un triangle.**

Un triangle qui a un angle droit est appelé **triangle rectangle**. C'est la moitié d'un rectangle.

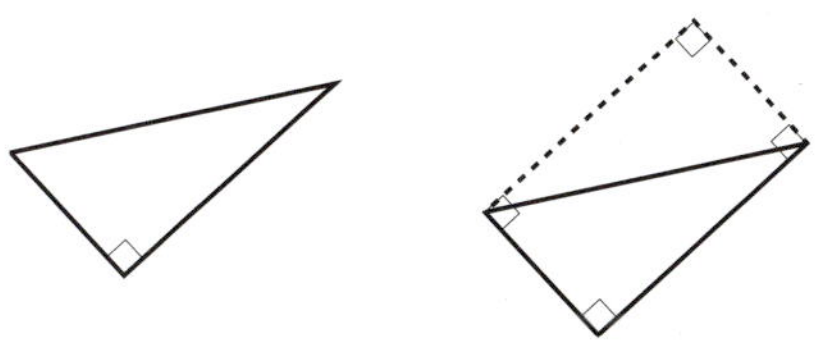

■ **Un polygone qui a 4 côtés est appelé un quadrilatère.**

Pour reconnaître ou construire un carré ou un rectangle

■ **Un carré a ses 4 angles droits. Ses 4 côtés ont même longueur.**

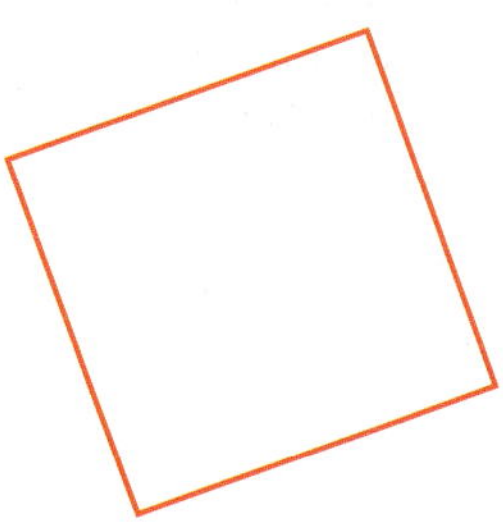

■ **Un rectangle a ses 4 angles droits. Ses côtés opposés ont même longueur.**

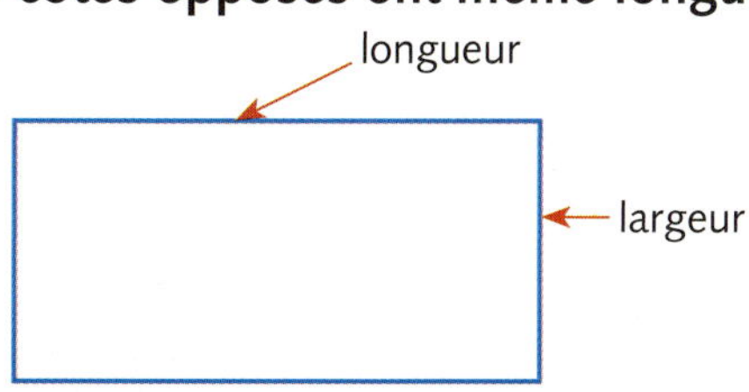

Le plus grand côté est appelé la longueur.
Le plus petit côté est appelé la largeur.

Cercle

Pour tracer un cercle

1. Choisis un écartement des branches du compas (ici 1 cm 5 mm).

2. Marque un point sur ta feuille.

3. Pique la pointe sèche du compas sur ce point.

4. En faisant attention à ne pas changer l'écartement, fais tourner la branche du compas portant la mine autour de la pointe sèche.

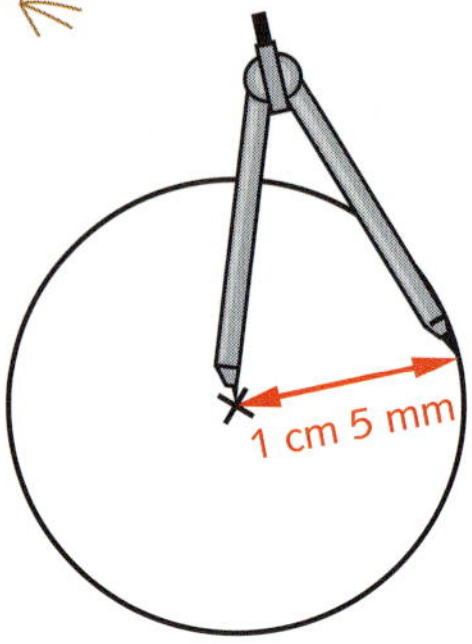

Pour décrire un cercle

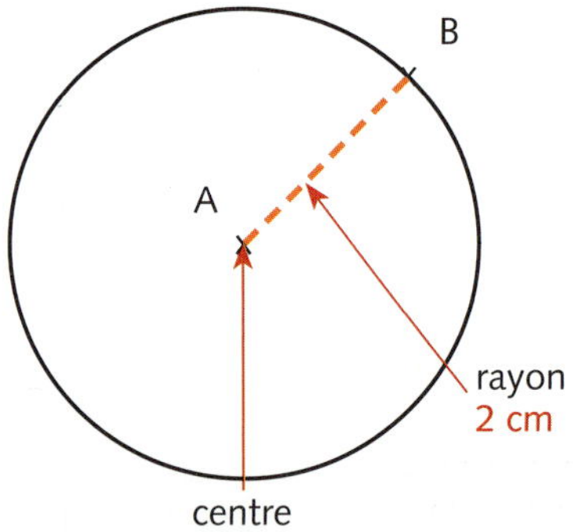

Le point A est le **centre** du cercle.

Le **rayon** du cercle mesure 2 cm.

Le cercle **a pour centre le point** A et **passe par le point** B.

Segment et milieu d'un segment

Segment

Les points E et F sont les extrémités du segment.
Le segment est nommé EF.

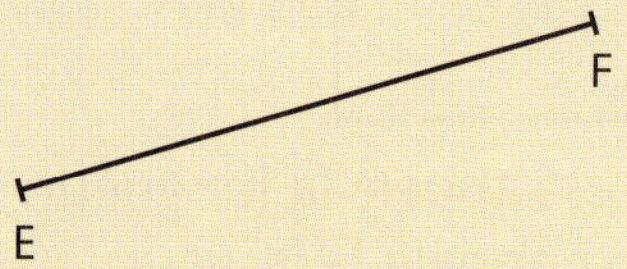

Milieu d'un segment

Le point I est le milieu du segment CD.
Il partage le segment CD en deux segments de même longueur.

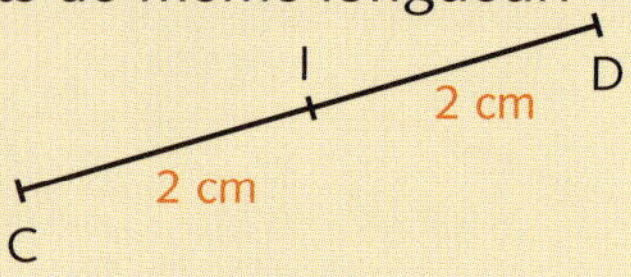

Polyèdres

Pour reconnaître ou décrire un polyèdre

Le polyèdre photographié ici a 5 faces :
3 faces sont des carrés superposables, 2 faces sont des triangles superposables.
Certaines faces ne sont pas visibles et les autres n'ont pas leur vraie forme.

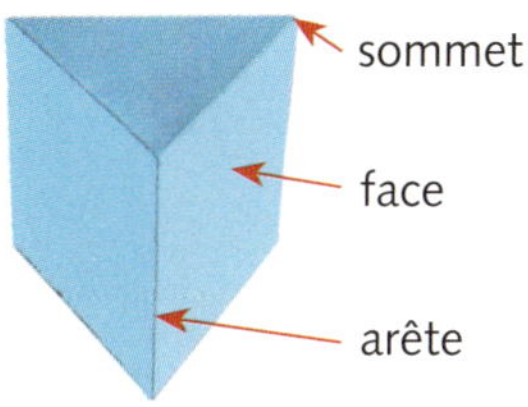

Voici deux autres photographies du même polyèdre.
Elles correspondent à des positions différentes du photographe par rapport au polyèdre.

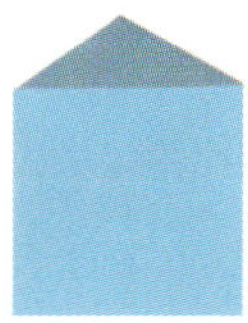

Lignes verticale et horizontale

Pour reconnaître une ligne verticale ou une ligne horizontale

Le fil à plomb permet de vérifier ou de tracer une ligne verticale.

Le niveau à bulle permet de vérifier ou de tracer une ligne horizontale.

Symétrie

Pour reconnaître deux figures symétriques par rapport à une droite

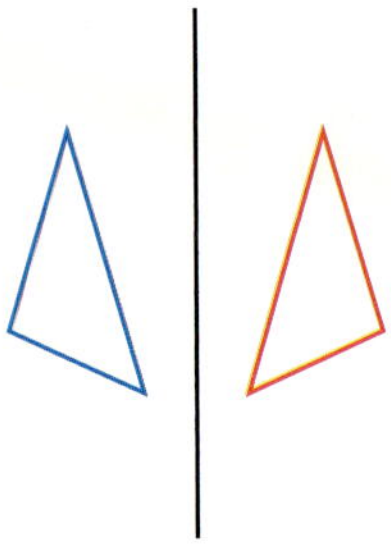

Les figures bleue et rouge sont **symétriques par rapport à la droite noire.**

La droite noire est appelée **l'axe de symétrie.**

La figure rouge est superposable à la figure bleue, mais elle est retournée.

Pour tracer le symétrique d'une figure

Sur papier uni

Sur quadrillage

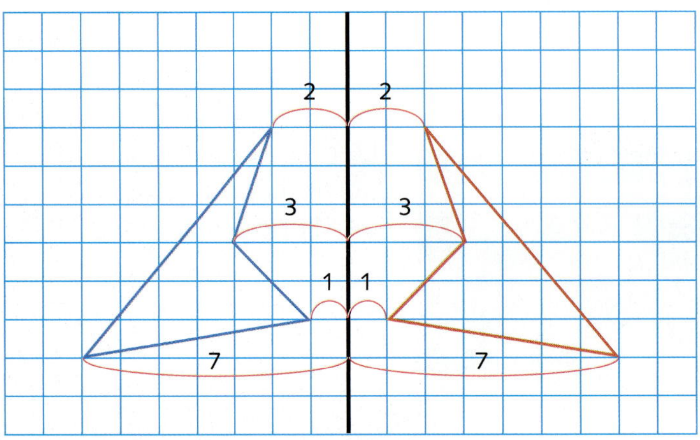

Attention !
Pour utiliser cette technique, il faut que l'axe de symétrie soit une ligne du quadrillage.

MESURE

Une **grandeur** est une propriété d'un objet que l'on peut mesurer. Pour obtenir une mesure, on peut utiliser un instrument ou faire un calcul.

Je peux mesurer la **longueur** d'un crayon avec un double décimètre.

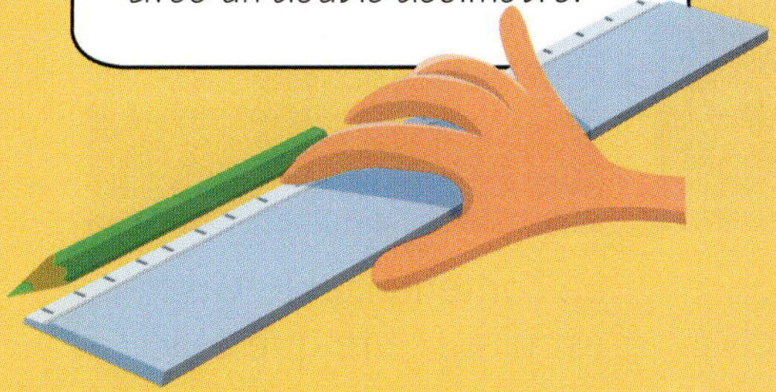

Je peux calculer la **durée** des prochaines vacances à l'aide d'un calendrier.

Je peux peser la **masse** de ce crayon avec une balance.

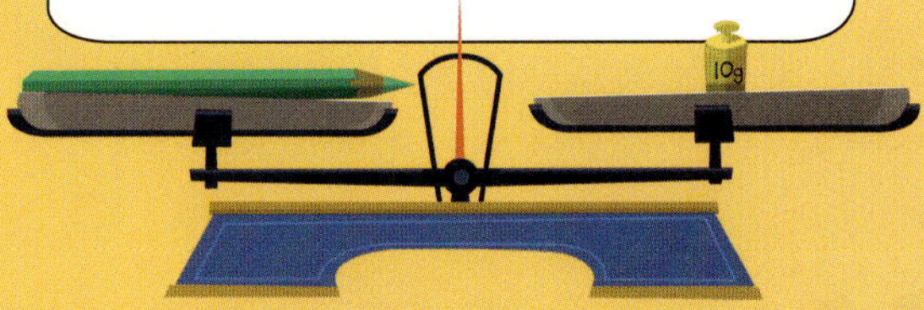

Les grandeurs ..... p. 26
Les longueurs ..... p. 27
Les masses ..... p. 29
Les contenances ..... p. 30
Calculer les mesures ..... p. 30
Lire l'heure ..... p. 31
Les durées ..... p. 32

Les grandeurs

Tu n'es pas toujours obligé de mesurer.

Pour comparer des grandeurs

■ **Pour les longueurs,** tu peux comparer à l'œil ou utiliser un objet intermédiaire.

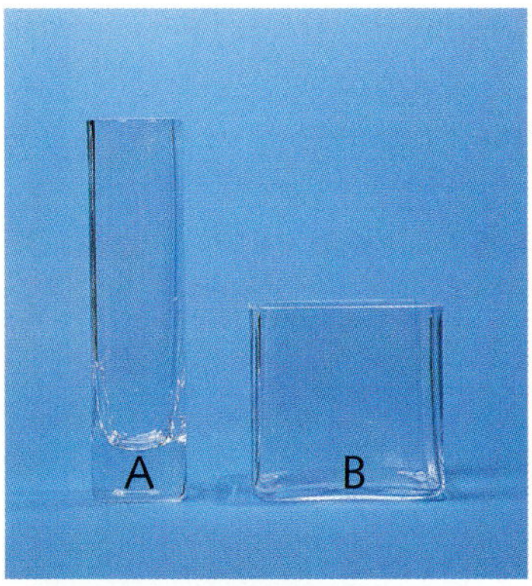

La hauteur du vase A est plus grande que celle du vase B.

■ **Pour les masses,** tu peux soupeser ou utiliser une balance à plateaux.

La masse du vase A est plus grande que celle du vase B.

■ **Pour les contenances,** tu peux faire des transvasements.

La contenance du vase A est plus petite que celle du vase B.

Pour comparer deux longueurs sans mesurer

Tu peux utiliser un outil intermédiaire comme une bande de papier

Tu reportes la longueur d'un segment sur une bande de papier et compares ce report à l'autre segment.

Les longueurs

Pour mesurer une longueur

Tu peux

reporter une bande unité

1 u : bande unité

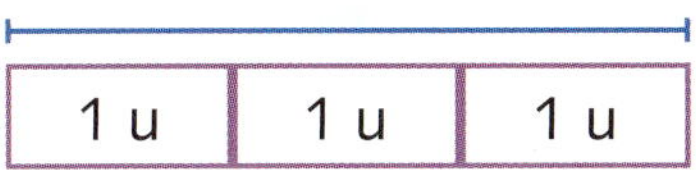

La longueur du segment est 3 u.

utiliser des instruments gradués (double décimètre, triple décimètre, mètre ruban, double mètre, décamètre, compteur kilométrique)

Pour mesurer un segment à l'aide du double décimètre

La longueur du segment est 3 centimètres.

MESURE

Pour choisir la bonne unité

- **L'unité légale est le mètre (m).**
  La règle de tableau mesure 1 mètre.

- **Le centimètre (cm) et le millimètre (mm) sont des unités plus petites que le mètre.**
  La longueur d'un crayon se mesure en centimètres et millimètres.
  Ta taille se mesure en mètres et centimètres.

- **Le kilomètre (km) est une unité plus grande que le mètre.**
  La distance entre deux villes se mesure en kilomètres.

Des équivalences à connaître

1 m = 100 cm **1 cm = 10 mm** **1 km = 1 000 m**

Pour calculer le périmètre d'un polygone

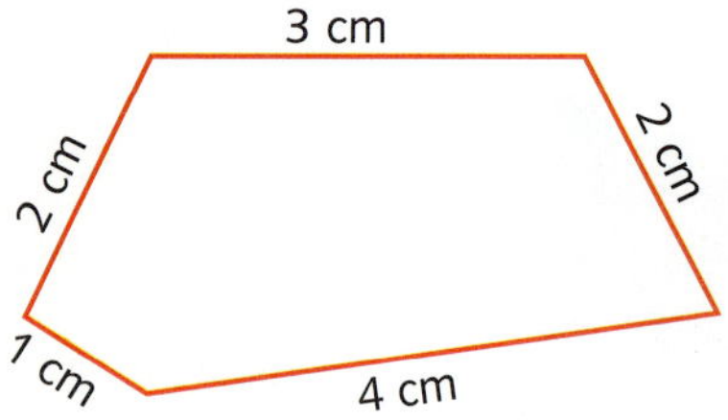

Le périmètre de ce polygone est 12 cm.
En effet :
1 cm + 2 cm + 3 cm + 2 cm + 4 cm = 12 cm

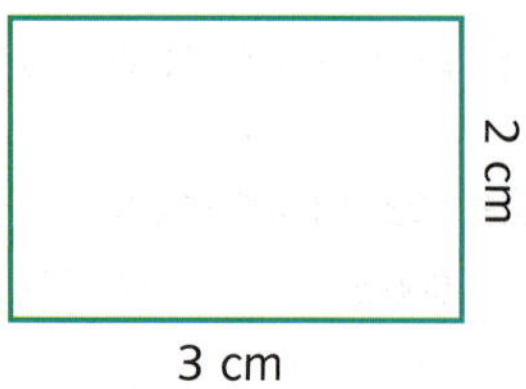

Le périmètre de ce rectangle est 10 cm.
En effet :
3 cm + 2 cm + 3 cm + 2 cm = 10 cm

Les masses

Pour mesurer une masse

Tu peux

utiliser une balance à plateaux | utiliser des balances à lecture directe

balance Roberval

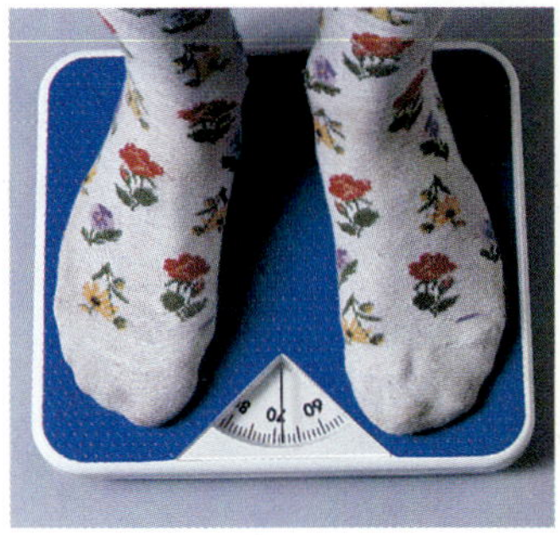

pèse-personne

balance de ménage

Pour peser l'objet qui est sur le plateau de gauche, on équilibre les plateaux de la balance en plaçant des masses marquées sur le plateau de droite.

La masse de l'objet est égale au total des masses marquées utilisées.

Pour choisir la bonne unité

- **L'unité légale est le gramme (g).** C'est une unité très petite. La masse d'un morceau de sucre se mesure en grammes.

- **Le kilogramme (kg)** est utilisé pour mesurer les masses de denrées alimentaires (sucre, farine). Ton poids se mesure aussi en kilogrammes. Voici des masses marquées utilisées pour la pesée avec une balance à plateaux :

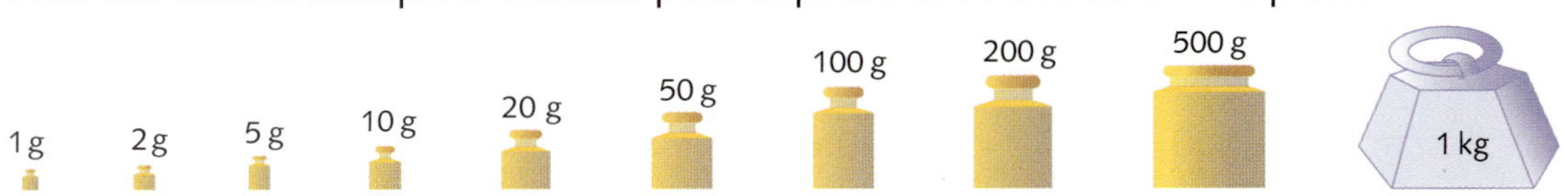

Une équivalence à connaître : 1 kg = 1 000 g

Les contenances

Pour mesurer une contenance

Je prends comme unité la contenance de la petite bouteille.

Je vide 4 fois la petite bouteille dans la grande pour la remplir.

La contenance de la grande bouteille est 4 u.

Pour choisir la bonne unité

- **L'unité légale est le litre (l).**
  C'est la contenance de beaucoup de bouteilles ou de boîtes d'eau ou de lait.

- **Le centilitre (cl) et le millilitre (ml) sont des unités plus petites.**
  Le centilitre est souvent utilisé pour les récipients des produits alimentaires.
  Le millilitre est utilisé pour les récipients des produits d'hygiène ou pharmaceutiques.

Des équivalences à connaître

1 l = 100 cl **1 cl = 10 ml**

Calculer les mesures

Pour calculer sur des grandeurs

1 m – 40 cm = 100 cm – 40 cm = **60 cm**

2 kg + 1 800 g = 2 000 g + 1 800 g = 3 800 g = **3 kg 800 g**

3 cl + 10 ml = 3 cl + 1 cl = **4 cl**

= 30 ml + 10 ml = **40 ml**

Lire l'heure

Pour lire l'heure sur une horloge à aiguilles

Il est **7 heures 50 minutes.**

Cet horaire se lit aussi **8 heures moins 10**,
car il manque 10 minutes pour que ce soit 8 heures.

Si on est le soir, on ajoute 12 h à l'horaire lu.
Il est aussi **19 heures 50 minutes.**

La petite aiguille indique les heures.
Les graduations des heures marquées en gras sont numérotées de 1 à 12.

La grande aiguille indique les minutes.
Toutes les graduations sont celles des minutes. Il y en a 60 sur le cadran.

Pour savoir utiliser « quart d'heure » et « demi-heure »

Il est **10 heures 30 minutes** ou **10 heures et demie**
car il s'est écoulé une demi-heure après 10 heures.
Quand la grande aiguille fait un demi-tour d'horloge
et parcourt 30 graduations des minutes,
il s'écoule une **demi-heure**.

Il est **10 heures 15 minutes** ou **10 heures et quart**
car il s'est écoulé un quart d'heure après 10 heures.
Quand la grande aiguille fait un quart de tour d'horloge
et parcourt 15 graduations des minutes,
il s'écoule un **quart d'heure**.

Il est **10 heures 45 minutes** ou **11 heures moins le quart**
car il manque un **quart d'heure** à parcourir
à la grande aiguille pour qu'il soit 11 heures.

Quand la grande aiguille fait un tour d'horloge (60 graduations des minutes),
la petite aiguille avance d'une graduation des heures, **il s'écoule donc une heure.**

Les durées

Pour calculer des durées

Du 12 avril au 20 mai

Aide-toi d'un calendrier.
Du 12 avril au 12 mai, il s'écoule 1 mois.
Du 12 mai au 20 mai, il s'écoule 8 jours.
Entre le 12 avril et le 20 mai, **il s'écoule 1 mois et 8 jours**.

Du lundi 8 heures au mardi 10 heures

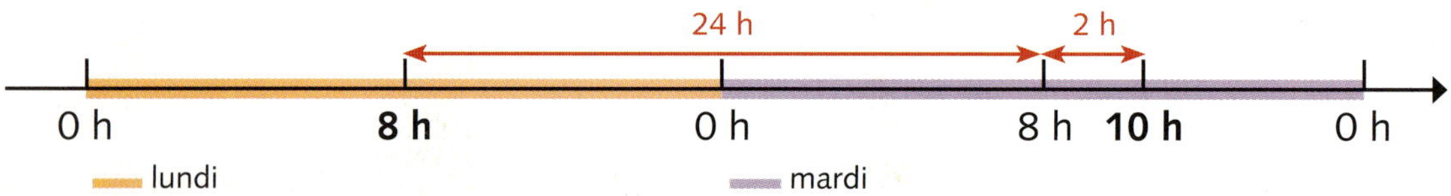

Du lundi 8 heures au mardi 8 heures, il s'écoule 1 jour ou 24 heures.
Du lundi 8 heures au mardi 10 heures, **il s'écoule 1 jour et 2 heures** ou **26 heures**.

De 8 h 15 à 9 h 30

méthode 1

8 h 15 — il s'écoule 1 heure → **9 h 15** — il s'écoule 15 minutes → **9 h 30**

De 8 h 15 à 9 h 15, il s'écoule 1 heure ou 60 minutes.
De 8 h 15 à 9 h 30, **il s'écoule 1 heure et 15 minutes** ou **75 minutes**.

méthode 2

8 h 15 — il s'écoule 45 minutes → **9 h 00** — il s'écoule 30 minutes → **9 h 30**

45 minutes + 30 minutes = 75 minutes = 60 minutes + 15 minutes.
De 8 h 15 à 9 h 30, **il s'écoule 1 heure 15 minutes** ou **75 minutes**.

Les équivalences entre les unités de durée

1 année	1 mois	1 semaine	1 jour	1 heure (h)
=	=	=	=	=
12 mois 52 semaines 365 jours	30 jours (certains mois ont 28, 29 ou 31 jours)	7 jours	24 heures	60 minutes

Achevé d'imprimer par Deaprinting à Novara - Italie
Dépôt légal n°84836 - Juillet 2007